# Der Kuckuck führt ein Lotterleben

## Purzelreime von Ogden Nash

Ins Deutsche übertragen von und
K. F. ROSS    MAX KNIGHT

Illustriert von WALTHER GÖTLINGER

**Paul Zsolnay**

Die in diesem Band enthaltenen Gedichte sind den nachstehenden Originalausgaben entnommen:

*There's Always Another Windmill, Marriage Lines, The Private Dining Room and Other Verses, Everyone but Thee and Me* und *The Old Dog Barks Backwards*, Little, Brown and Company, Boston

*Hard Lines* und *Happy Days*, Simon & Schuster, New York

*Verses from 1929 on,* The Modern Library, New York

*The Face Is Familiar,* Garden City Publishing Company, Inc., New York

*I'm a Stranger here Myself,* Little, Brown and Company, Grosset & Dunlap, New York

Alle Rechte vorbehalten
© Paul Zsolnay Verlag Gesellschaft m.b.H., Wien/Hamburg 1977
© 1931, 1933, 1941, 1952, 1959, 1962, 1969 by Ogden Nash
© 1972, 1974, 1976, 1977 by Frances Nash, Isabelle Nash Eberstadt, and Linell Nash Smith
Umschlag und Einband: Walther Götlinger
Gesamtherstellung: Wiener Verlag, Wien
Printed in Austria
ISBN 3-552-02925-7

CIP-Kurztitelaufnahme der Deutschen Bibliothek

**Nash, Ogden**
Der Kuckuck führt ein Lotterleben: Purzelreime. —
Wien, Hamburg: Zsolnay, 1977.
ISBN 3-552-02925-7

**Ogden Nash**

repräsentiert einen spezifisch (nicht typisch) amerikanischen Humor, in dem sich intellektuelle Verschraubtheit und naive Freude am Grotesken zu unwiderstehlicher Wirkung paaren. Die Zeitschrift „The New Yorker", eine Art Gegenstück zum Londoner „Punch", hat mit diesem Humor und mit Ogden Nash Weltberühmtheit erlangt. Obendrein ist Nash ein Sprachkünstler ersten Ranges. Er dichtet scheinbar unbekümmert drauflos — und mittendrin, nach einer kürzeren oder bedeutend längeren Zeile, kommt ihm wie von ungefähr ein zum Bersten komischer Reim zugeweht. Er reimt gewissermaßen zwischen Tür und Angel, und zwar dergestalt, daß sich Tür auf Angel reimt. Er ist mehr als witzig, er ist geistreich. Wilhelm Busch und Christian Morgenstern hätten ihre Freude an ihm gehabt.

**Friedrich Torberg**

# Das Gedicht kommt mir bekannt vor

Ogden Nash nimmt in der amerikanischen Literatur einen einzigartigen Platz ein. Seine Rolle als „der führende amerikanische Schriftsteller humoristischer Gedichte ist unbestritten", erklärt das literarische Standardwerk *Twentieth Century Authors*. „Er ist wohl der meistzitierte zeitgenössische amerikanische Dichter, mit einer größeren und enthusiastischeren Gefolgschaft unter seinen Lesern als jeder andere Dichter."

Seine Popularität beruht auf dem Inhalt und der Form seiner Gedichte. Inhaltlich beschäftigt sich Nash hauptsächlich mit den „Trivialitäten" des täglichen Lebens, die er mit klugen Augen originell sieht und die jeder versteht, weil sie jedem passiert sind. In der Form hat Nash seinen eigenen Stil geschaffen: Er läßt bedenkenlos, ohne Rücksicht auf Metrik und Versfuß, einer Verszeile von etwa vier, fünf oder sechs Wörtern eine „Zeile" von dreißig, vierzig oder fünfzig Wörtern folgen (die dann natürlich den Platz von mehreren Zeilen einnimmt) — und dann reimt er. Während es vor Nash ungereimte Gedichte gab, erfand Nash die gereimte Prosa. Die Reime selbst sind oft waghalsige Purzelbäume, Extravaganzen und Neuschöpfungen, die er mit sichtbarem Gusto seinen Lesern vorführt.

Nash kann harmlos morgensternisch mit Wörtern spielen, aber auch mit scharfer Ironie menschliche Schwächen und Zustände geißeln. Man hat ihn einen „lächelnden Skorpion" genannt und mit klassischen Satirikern (Alexander Pope, Jonathan Swift) verglichen. Während aber Christian Morgenstern seine grotesken Kreaturen aus der Märchenwelt seiner Phantasie schöpft — die Fingur, das Nasobēm, das Mondschaf — oder existierende Geschöpfe in eine märchenhafte Dimension versetzt, treibt Nash mit wirklichen Tieren seinen Scherz: Morgensterns tausendjährige „Schildkrökröte" ist beinahe ein Wesen der Mythologie, aber die Schildkröte von Nash ist ein Wesen der Zoologie, dem er seine biologische Bewunderung zollt.

Meist zitiert sind seine vignettenartigen Zweizeiler oder Vierzeiler, die vielfach sprichwörtlich geworden sind. Weniger bekannt sind seine gelegentlichen ernsten Gedichte, von denen einige im vorliegenden Band im Anhang enthalten sind, um Nash auch von dieser Seite zu zeigen. Das abschließende Gedicht *A Carol for Children* entstand um die Zeit des Zweiten Weltkriegs.

Ogden Nash (eigentlich Frederic Ogden Nash) wurde 1902 in Rye, einem Vorort von New York, geboren und besuchte die Universität Harvard. Er hatte leitende Positionen in den amerikanischen Verlagen Doubleday und Farrar, arbeitete aber auch für verschiedene literarische Zeitschriften und machte sich besonders als Mitarbeiter der humoristischen Zeitschrift *The New Yorker* einen Namen. Er war ein ungewöhnlich fruchtbarer Autor, der einen Gedichtband nach dem anderen veröffentlichte. Von den Titeln seien erwähnt: „Das Gesicht kommt mir bekannt vor" *(The Face is Familiar)*, „Ich bin hier selbst ein Fremder" *(I'm a Stranger here Myself)*, „Alle außer dir und mir" *(Everyone but Thee and Me)*; manche Titel sind unübersetzbare Wortspiele, wie *Versus* und *Bed Riddance: A Posy for the Indisposed*. Eine posthume Sammlung erschien unter dem Titel „Der alte Hund bellt rückwärts" *(The Old Dog Barks Backwards)*. Dank seiner literarischen Erfolge widmete er sich schließlich ganz dem Beruf als freier Schriftsteller, dem er vierzig Jahre treu blieb. Im Jahre 1943 verfaßte er zusammen mit S. J. Perelman das außerordentlich erfolgreiche Musical *One Touch of Venus*. Nash starb 1971 in Baltimore.

Es heißt oft, daß sich die Gedichte von Nash, ebenso wie die von Morgenstern, nicht übersetzen lassen. Der Versuch ist in beiden Fällen gemacht worden. Morgensterns Galgenlieder sind in englischer Sprache erschienen[1] und Auswahlen von Nash-Gedichten liegen in deutschen[2], serbokroatischen[3] und sogar lateinischen[4] Fassungen vor. Der Übersetzer ist freilich auf Gedichte beschränkt, für deren

---

1 „Gallows Songs and Other Poems" von Max Knight, mit Beiträgen von Karl F. Ross; R. Piper & Co. Verlag, München, 1972
2 „Ich bin leider hier auch fremd" von Christian Enzensberger und anderen; Rowohlt Verlag, Hamburg
3 „Štihovi" von Dragoslav Andrić, Beogradski izdavačko-grafički zavod, Belgrad, 1972
4 „Ave Ogden!" von J. C. Gleeson & B. N. Meyer; Little, Brown & Co., Boston/Toronto, 1973

Wortspiele sich Parallelen finden lassen und die außerdem ihre Aktualität bewahrt haben. Etwa eine in der Atmosphäre des Zweiten Weltkriegs entstandene antijapanische Satire oder ein Sechszeiler über Oginga Odinga, einen heute vergessenen Minister in Kenia, fehlen in der vorliegenden Auswahl; ebenso ein Ende der dreißiger Jahre verfaßtes Gedicht über den 12. April, ein Datum dadurch ausgezeichnet, daß es nicht durch ein historisches Ereignis ausgezeichnet war — das Gedicht wurde seiner Grundlage beraubt, als Präsident Roosevelt 1945 an diesem Tag starb.

Dort, wo die Verschiedenheit der Sprache keine Parallelen zuließ, mußte zu Analogien gegriffen werden. Beispiele dafür finden sich auf Seiten 46 *(The Lama)* und 60 *(Away from It All)*. Auf Seite 13 wurde ein Reim, der heute im englischen Sprachschatz zu den geflügelten Worten zählt, in zwei deutschen Fassungen wiedergegeben; wir wissen, daß keine an das Original herankommt.

Für deutschsprechende Leser sei erwähnt, daß das Zitat auf Seite 38 (vollständiger Wortlaut: *Men seldom make passes at girls who wear glasses*) von der hauptsächlich durch ihre Kurzgeschichten bekannten amerikanischen Schriftstellerin Dorothy Parker (1893—1967) stammt, die, wie Nash, für den *New Yorker* schrieb; daß die auf Seite 18 genannte Barbara Fritchie (auch Frietchie) Heldin eines Gedichts von Henry Wadsworth Longfellow (1807—1882) ist, in dem sie nicht etwa als junges Mädchen, sondern als eine weißhaarige Frau von neunzig Jahren erscheint; daß Herr Artesian auf Seite 50 vermutlich die Karikatur eines Bekannten von Nash namens Wells ist, mit Anspielung auf artesische Brunnen *(Artesian wells)*; und daß der Titel *Lather as You Go* auf Seite 20 auf eine Rasierseife abzielt, für die seinerzeit auf in kurzen Abständen entlang amerikanischer Landstraßen aufgestellten Plakatwänden viel Reklame gemacht wurde.

Nur wenige Nash-Bücher zeigen ein Bild des Verfassers. Legte man einem Durchschnittsamerikaner ein Foto und einen Vers von Nash zusammen vor, würde er wahrscheinlich sagen: „Das Gesicht ist mir fremd, doch das Gedicht kommt mir bekannt vor."

# Leichte Kost

**Assorted Chocolates**

If some confectioner were willing
To let the shape announce the filling,
We'd encounter fewer assorted chocs,
Bitten into and returned to the box.


**Reflection on Ice-Breaking**

Candy
Is dandy
But liquor
Is quicker.


**Experiment Degustatory**

A gourmet challenged me to eat
A tiny bit of rattlesnake meat,
Remarking, „Don't look horror-stricken,
You'll find it tastes a lot like chicken."
It did.
Now chicken I cannot eat.
Because it tastes like rattlesnake meat.

**Gemischte Schokoladen**

Wenn Konfektfabrikanten uns damit erfreuten,
Bonbonfüllungen durch die Form anzudeuten,
fände man seltener Viertel und Achtel
angebissener Bonbons in der Schachtel.

**Gesellschaftliche Annäherung**

(2 Fassungen)

| | |
|---|---|
| Konfekt | Konfekt |
| ist korrekt | lockt Nascher |
| aber Sekt | doch Sekt |
| mehr direkt | wirkt rascher. |

**Geschmackloser Versuch**

Es drängte ein Gourmet mich lange:
„Versuch ein Stückchen Klapperschlange!
Hab keine Angst — du wirst entdecken,
sie wird wie zartes Hühnchen schmecken."
So war's.
Nun macht mir Huhnfleisch bange —
es schmeckt so sehr nach Klapperschlange.

**Shrinking Song**

Woollen socks, woollen socks!
Full of color, full of clocks!
Plain and fancy, yellow, blue,
From the counter beam at you.
O golden fleece, O magic flocks!
O irresistible woollen socks!
O happy haberdasher's clerk
Amid that galaxy to work!
And now it festers, now it rankles
Not to have them round your ankles;
Now with your conscience do you spar;
They look expensive, and they are;
Now conscience whispers, You ought not to,
And human nature roars, You've got to!
Woollen socks, woollen socks!
First you buy them in a box.
You buy them several sizes large,
Fit for Hercules, or a barge.
You buy them thus because you think
These lovely woollen socks may shrink.
At home you don your socks with ease,
You find the heels contain your knees;
You realize with saddened heart
Their toes and yours are far apart.
You take them off and mutter Bosh,
You up and send them to the wash.
Too soon, too soon the socks return,
Too soon the horrid truth you learn;
Your woollen socks cannot be worn
Unless a midget child is born,
And either sockless you must go,
Or buy a sock for every toe.

**Das Lied vom Schrumpfsinn**

Wollensocken, Wollensocken!
Diese wundervollen Socken!
Gelb und blau gemustert strahlen
sie herab von den Regalen.
Wie die goldnen Vliese locken
diese zauberhaften Socken.
Glücklich, wer im Widerschein
dieser Pracht darf Lehrling sein.
Mußt du dem Genuß entsagen,
sie an deinem Fuß zu tragen?
Bist du doch kein reicher Prinz;
sie sehn teuer aus und sind's.
Dein Gewissen flüstert: Laß sie!
Doch die Habsucht ruft: Erfaß sie!
Wollensocken, Wollensocken!
Du erstehst sie mit Frohlocken,
wählst dabei aus dem Bestand
Extragröße „Elefant",
denn beim Waschen, wie du weißt,
geht die Wolle ein, zumeist.
Etwas locker passen sie:
Ihre Ferse hüllt dein Knie
und du merkst, daß ihre Zehen
deinen ziemlich ferne stehen.
Schließlich — und du seufzt dabei —
schickst du sie zur Wäscherei.
Allzubald nach dieser Waschung
kommt die böse Überraschung,
denn die hübschen wollnen Stutzen
sind jetzt völlig ohne Nutzen.
Bist du nämlich kein Pygmäe,
brauchst du einen Strumpf pro Zehe.

Woollen socks, woollen socks!
Infuriating paradox!
Hosiery wonderful and terrible,
Heaven to wear, and yet unwearable.
The man enmeshed in such a quandary
Can only hie him to the laundry,
And while his socks are hung to dry,
Wear them once as they're shrinking by.

Wollensocken, Wollensocken!
Die verflixten, tollen Socken!
Glück durchwirkt mit Pein unsagbar:
Schön zu tragen, doch untragbar.
Höchstens kann man diese Socken
waschen und, bevor sie trocken,
sich mit ihnen kurz bestrumpfen,
während sie vorüberschrumpfen.

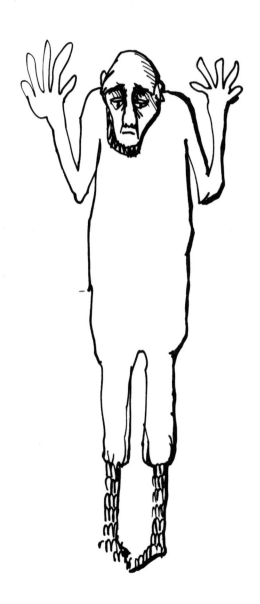

**Taboo to Boot**

        One bliss for which
        There is no match
        Is when you itch
        To up and scratch.

Yet doctors and dowagers deprecate scratching,
Society ranks it with spitting and snatching,
And medical circles consistently hold
That scratching's as wicked as feeding a cold.
Hell's flame burns unquenched 'neath how many stocking
On account of to scratch in public is shocking!

        'Neath tile or thatch
        That man is rich
        Who has a scratch
        For every itch.

Ho, squirmers and writhers, how long will ye suffer
The medical tyrant, the social rebuffer!
On the edge of the door let our shoulder blades rub,
Let the drawing room now be as free as the tubl
Avid ankles appeased by the fingernail's kiss
Will revel in ultimate intimate bliss.

        I'm greatly attached
        To Barbara Fritchie.
        I bet she scratched
        When she was itchy.

**Wen's juckt, der kratze sich**

      Für dieses Glück
      ist kein Ersatz:
      Wenn es dich jück',
      daß du dich kratz'.

Doch Sitte verdammt alles Kratzen von Jucken
als grad so verwerflich wie Rülpsen und Spucken.
Du mußt, sagt der Arzt, Jucken so widerstehen
wie Wünschen, bei Schüttelfrost barfuß zu gehen.
Und brennt's auch im Strumpf wie beim Jüngsten Gericht,
wer Anstand hat, kratzt sich mal öffentlich nicht.

      Du hast 'nen Schatz
      du armer Schluck,
      hast du 'nen Kratz
      für jeden Juck.

Wie lang wollt ihr Winder, ihr Krümmer ertragen,
was Ärzte und Snobs der Gesellschaft euch sagen?
Oh, laßt uns den Hals an der Türkante reiben
und Kratzen bei Tisch wie im Bade betreiben.
Und kratzt ihn der Nagel, wenn immer es jückt,
dann schwelget der Knöchel entzückt und beglückt.

      Die Helena, die
      den Paris entzückte —
      ich wette, sie kratzte sich,
      wenn es sie jückte.

**Obvious Reflection**

Dentists' anterooms
Give me tanterooms.


**Song of the Open Road**

I think that I shall never see
A billboard lovely as a tree.
Indeed, unless the billboards fall
I'll never see a tree at all.


**Lather as You Go**

Beneath this slab
John Brown ist stowed.
He watched the ads,
And not the road.

**Denthysterie**

Mir bangt schon im Vorzimmer —
Beim Zahnarzt, da bohrzimmer.

**Fahrt ins Grüne**

Reklametafeln sind wohl kaum
so herzerfreuend wie ein Baum.
Ja, läßt man diese Tafeln stehn,
bekomm' ich keinen Baum zu sehn.

**Plakatastrophe**

Unter diesem Steine
liegt ein armer Wicht.
Er achtete auf die Reklame
statt aufs rote Licht.

**No, You Be a Lone Eagle**

I find it very hard to be fair-minded
About people who go around being air-minded.
I just can't see any fun
In soaring up up up into the sun
When the chances are still a fresh cool orchid to a paper geranium
That you'll unsoar down down down onto your (to you) invaluable
    cranium.
I know the constant refrain
About how it's safer up in God's trafficless heaven than in an
    automobile or a train
But —
My God, have you ever taken a good look at a strut?
Then that one about how you're in Boston before you can say
    antidisestablishmentarianism
So that preferring to take five hours by rail is a pernicious example
    of antiquarianism.
At least when I get on the Boston train I have a good chance of
    landing in the South Station
And not in that part of the daily press which is reserved for victims
    of aviation.
Then, despite the assurance that aeroplanes are terribly comfortable
    I notice that when you are railroading or automobiling
You don't have to take a paper bag along just in case of a funny
    feeling.
It seems to me that no kind of depravity
Brings such speedy retribution as ignoring the law of gravity.
Therefore nobody could possibly indict me for perjury
When I swear that I wish the Wright brothers had gone in for silver
    fox farming or tree surgery.

**Die Luft hat keine Balken**

Ich finde es schwer, mich für Leute zu erwärmen,
die immer nur vom Fliegen schwärmen.
Für mich ist es einfach kein Vergnügen,
hinauf, hinauf, hinauf in die Sonne zu fliegen,
solange dabei die Gefahr besteht,
daß es nachher hinab, hinab, hinab auf die (für mich) unersetzliche
    Schädeldecke geht.
Ich kenne gewiß das alte Lied,
daß unter Gottes freiem Himmel viel weniger als in der Bahn oder
    im Auto geschieht.
Dennoch, und darum eben,
besehen Sie sich doch mal die dünnen Flügelstreben.
Gewiß, Sie erreichen Ihren Bestimmungsort, ehe Sie sagen können
    Donaudampfschiffahrtsgesellschaft
und veraltet ist, der ein Fahrzeug wählt, das dies nicht so schnell
    schafft.
Ja, aber wenigstens habe ich per Bahn eine gute Chance,
    am Hauptbahnhof zu landen,
statt in jenem Teil der Zeitungen, der offenbar nur für Berichte
    über Opfer der Fliegerei vorhanden.
Auch kenne ich die Versicherung, daß das Flugzeug so bequem sei
    und Sie darin viel angenehmer als im Auto oder
    in der Eisenbahn führen,
doch brauchen Sie in diesen keinen Papiersack vorzubereiten für
    den Fall, daß Sie ein menschliches Rühren spüren.
Und es gibt wohl kaum eine schwerere Strafe für ein Vergehen,
als für das, das Gesetz der Schwerkraft zu übersehen.
So kann ich nur hoffen, niemand wird mich zu strenge richten,
    wenn ich sage, ich wünschte, die Gebrüder Wright hätten sich lieber
        mit Markensammeln beschäftigt oder dem Verfassen von
    Kurzgeschichten.

**The Unwinged Ones**

I don't travel on planes.
I travel on trains.
Once in a while, on trains,
I see people who travel on planes.
Every once in a while I'm surrounded
By people whose planes have been grounded.
I'm enthralled by their air-minded snobbery,
Their exclusive hobnobbery.
They feel that they have to explain
How they happen to be on a train,
For even in Drawing Room A
They seem to feel déclassé.
So they sit with portentous faces
Clutching their attaché cases.
They grumble and fume about how
They'd have been in Miami by now.
By the time that they're passing through Rahway
They should be in Havana or Norway,
And they strongly imply that perhaps,
Since they're late, the world will collapse.
Sometimes on the train I'm surrounded
By people whose planes have been grounded.
That's the only trouble with trains;
When it fogs, when it smogs, when it rains,
You get people from planes.

**Die Unbeschwingten**

Ich reise nicht per Aeroplan,
ich fahre auf der Eisenbahn.
Manchmal sehe ich unter den Zuggästen
Scharen von gestrandeten Fluggästen,
die mich dann überall umringen
wie Vögel mit gestutzten Schwingen.
So ein Fluggast, des bin ich gewiß, muß
behaftet sein mit Höhen-Snobismus,
zumal er immer wieder beschwört,
daß er gar nicht in diesen Zug gehört,
weil selbst ein Abteil der ersten Klasse
in sein Milieu überhaupt nicht passe.
Mit seiner Aktentasche bewehrt,
sitzt er verbissen dort und erklärt,
er könnte jetzt statt in Frankfurt am Main
schon lange in Monte Carlo sein.
Keiner von ihnen will nach Sankt Anton;
ihr Ziel ist Boston, Rom oder Kanton,
und ihre Verspätung (machen sie klar)
bringt glatt die ganze Welt in Gefahr.
So bin ich also manchmal umgeben
von Leuten, die nach Höherem streben.
Ja, leider macht Bahnfahrt bei Schlechtwetter nicht viel Vergnügen,
denn man begegnet dann auf den Zügen
den Reisenden von verhinderten Flügen.

**Procrastination Is All of the Time**

Torpor and sloth, torpor and sloth,
These are the cooks that unseason the broth.
Slothor and torp, slothor and torp
The directest of bee-line ambitions can warp.
He who is slothic, he who is torporal,
Will not be promoted to sergeant or corporal.
No torporer drowsy, no comatose slother
Will make a good banker, not even an author.
Torpor I deprecate, sloth I deplore,
Torpor is tedious, sloth is a bore.
Sloth is a bore, and torpor is tedious,
Fifty parts comatose, fifty tragedious.
How drear, on a planet redundant with woes,
That sloth is not slumber, nor torpor repose.
That the innocent joy of not getting things done
Simmers sulkily down to plain not having fun.
You smile in the morn like a bride in her bridalness
At the thought of a day of nothing but idleness.
By midday you're slipping, by evening a lunatic,
A perusing-the-newspapers-all-afternoonatic,
Worn to a wraith from the half-hourly jaunt
After glasses of water you didn't want,
And at last when onto your pallet you creep,
You discover yourself too tired to sleep.
O torpor and sloth, torpor and sloth,
These are the cooks that unseason the broth.
Torpor is harrowing, sloth it is irksome —
Everyone ready? Let's go out and worksome.

**Was du morgen kannst besorgen ...**

Faulheit und Träge, Faulheit und Träge
stehen dem Fortschritt des Menschen im Wege.
Trägheit und Faule, Trägheit und Faule
machen das Rennpferd zum kläglichen Gaule.
So einen Faulenzer, so einen Trägenzer
schätzen nicht Wiener, Berliner und Bregenzer.
Taugt doch kein Fauler, taugt doch kein Träger
zum Schriftsteller oder zum Schornsteinfeger.
Träge und Fäulnis, Fäule und Trägnis
sind kein erfreuliches Begegnis.
Kurzum, ich sage es unentwegt:
In Trägheit verfault, wer Faulheit verträgt.
Schön wär's auf diesem Planeten voll Hast,
wenn Faulheit wär' Schlummer und Trägheit wär' Rast.
Doch ach, der Vorsatz, heut' nichts zu tun,
führt nur zu der bangen Frage: Was nun?
Lächelnd erwacht man, fühlt sich fast bräutlich,
doch die Enttäuschung wird bald allzu deutlich.
Denn zwischen Mittag- und Abendmahlzeit
kommt die Jetzt-lese-ich-das-Journal-Zeit
mit wiederholtem Wohnungsdurchtraben
um Gläser Wasser, die einen nicht laben,
bis man ins Bett kriecht und merkt, daß man
vor lauter Erschöpfung nicht einschlafen kann.
Ja, Faulheit und Träge, Faulheit und Träge
stehen dem Fortschritt des Menschen im Wege.
Faulheit schafft Mißmut, Trägheit bringt Ärger —
los, an die Arbeit, ihr Drückeberger!

**Reflection on the Fallibility of Nemesis**

He who is ridden by a conscience
Worries about a lot of nonscience;
He without benefit of scruples
His fun and income soon quadruples.


**Introspective Reflection**

I would live all my life in nonchalance and insouciance
Were it not for making a living, which is rather a nouciance.


**The Reward**

In my mind's reception room
Which is what, and who is whom?
I notice when the candle's lighted
Half the guests are uninvited,
And oddest fancies, merriest jests,
Come from these unbidden guests.

**Den Erinnyen läßt sich entrinnyen**

Ein Mensch, der hört auf sein Gewissen,
fühlt sich umstellt von Hindernissen;
doch dem, der frei von solchen Skrupeln,
wird Spaß und Geld sich bald verduppeln.


**Einsicht**

Mein Leben wäre sorgenfrei und geruhsam,
wäre das Geldverdienen weniger muhsam.


**Lohn der Gastfreundschaft**

In meines Geistes Gästehaus
kenn' ich mich häufig gar nicht aus;
dann find' ich dort — bei Licht besehn —
die unerwartetsten Ideen.
Doch manchen Einfall (oft den besten)
dank' ich solch ungeladnen Gästen.

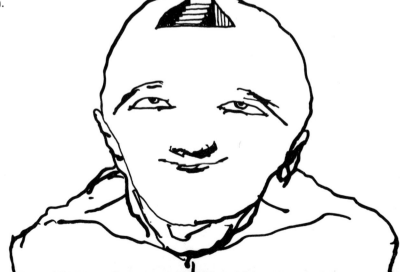

**The Terrible People**

People who have what they want are very fond of telling people who haven't what they want that they really don't want it,
And I wish I could afford to gather all such people into a gloomy castle on the Danube and hire half a dozen capable Draculas to haunt it.
I don't mind their having a lot of money, and I don't care how they employ it,
But I do think that they damn well ought to admit they enjoy it.
But no, they insist on being stealthy
About the pleasures of being wealthy,
And the possession of a handsome annuity
Makes them think that to say how hard it is to make both ends meet is their bounden duity.
You cannot conceive of an occasion
Which will find them without some suitable evasion.
Yes indeed, with arguments they are very fecund;
Their first point is that money isn't everything, and that they have no money anyhow is their second.
Some people's money is merited,
And other people's is inherited,
But wherever it comes from,
They talk about it as if it were something you got pink gums from.
This may well be,
But if so, why do they not relieve themselves of the burden by transferring it to the deserving poor or to me?
Perhaps indeed the possession of wealth is constantly distressing,
But I should be quite willing to assume every curse of wealth if I could at the same time assume every blessing.
The only incurable troubles of the rich are the troubles that money can't cure,

**Die Unausstehlichen**

Leute, die haben, was sie wollen, haben die Gewohnheit, anderen Leuten, die nicht haben, was sie wollen, zu sagen, daß sie es eigentlich gar nicht wollen.
Und ich wollte, ich könnte mir erlauben, all diese Leute in einem finsteren alten Schloß zu versammeln und ein Dutzend Poltergeister zu engagieren, die dort gehörig herumtollen.
Mir ist es ja recht, wenn sie eine Masse Geld haben, und meinetwegen können sie es benutzen, wie es ihnen bequem ist,
aber ich finde, daß sie, zum Teufel, doch zugeben sollen, daß es ihnen angenehm ist.
Aber nein, sie halten es offenbar für eine heilige Mission,
uns zu erklären, wie schwer es ist, auszukommen mit einer saftigen Pension.
Und du kannst dir noch so sehr das Gehirn verrenken,
sie werden bei jeder Gelegenheit an irgendeine Ausflucht denken.
Immer haben sie ein Argument, ein feines:
Erstens, sagen sie, ist Geld nicht alles, und zweitens, behaupten sie, haben sie keines.
Es gibt Geld, das man durch Erwerb schafft,
und solches, das man erhält durch Erbschaft,
aber, was immer das Woher oder Wie,
sie reden, als verursache es Epilepsie.
Vielleicht ist es auch so — es könnte ja sein,
aber warum geben sie es dann nicht den Armen oder mir, um sich von dieser Last zu befrein?
Vielleicht ist der Besitz von Reichtum nichts als eine lange Unglückskette,
aber ich wäre gern bereit, jeden Fluch auf mich zu nehmen, wenn ich auch den Segen hätte.
Die einzigen wirklichen Schwierigkeiten der Reichen sind jene,
denen gegenüber Geld kein Gewicht hat,

Which is a kind of trouble that is even more troublesome if you are
 poor.
Certainly there are lots of things in life that money won't buy, but it's
 very funny —
Have you ever tried to buy them without money?

aber das sind auch jene, die noch schwieriger zu bekämpfen sind,
   wenn man es nicht hat.
Es gibt ja gewiß Dinge, die Geld nicht kaufen kann, auch nicht der
   größte Haufen,
aber habt ihr schon einmal versucht, diese *ohne* Geld zu kaufen?

**It's Never Fair Weather**

I do not like the winter wind
That whistles from the North.
My upper teeth and those beneath,
They jitter back and forth.
Oh, some are hanged, and some are skinned,
And others face the winter wind.

I do not like the summer sun
That scorches the horizon.
Though some delight in Fahrenheit,
To me it's deadly pizen.
I think that life would be more fun
Without the simmering summer sun.

I do not like the signs of spring,
The fever and the chills,
The icy mud, the puny bud,
The frozen daffodils.
Let other poets gayly sing;
I do not like the signs of spring.

I do not like the foggy fall
That strips the maples bare;
The radiator's mating call,
The dank, rheumatic air.
I fear that taken all in all,
I do not like the foggy fall.

The winter sun is always kind,
And summer wind's a savior,
And I'll merrily sing of fall and spring
When they're on their good behavior.
But otherwise I see no reason
To speak in praise of any season.

**Lieber gar kein Wetter als dieses**

Mich freut's nicht, wenn im Winterwind
mich Schneegewölk umflattert
und mein Gebiß voll Ärgernis
dem Frost entgegenschnattert.
Der Teufel, der auf Martern sinnt,
erfand für mich den Winterwind.

Mich freut's nicht, läßt des Sommers Glut
mich fast zu Tod ermatten.
Der Sonne Glast ist mir zur Last
bei vierzig Grad im Schatten.
Wie wär' das Leben schön und gut,
entbehrte es des Sommers Glut.

Mich freut auch nicht des Lenzes Licht,
die halberfrorne Primel,
der kalte Schlamm am Straßendamm,
der pollenschwere Himmel.
Preist auch den Frühling manch Gedicht,
des Lenzes Licht erfreut mich nicht.

Mich freut auch nicht der trübe Herbst,
die kahlgefegten Bäume,
der Hammerchor im Heizungsrohr,
die rheumafeuchten Räume.
Wenn du auch bunt die Blätter färbst —
mich freust du nicht, du trüber Herbst.

Die Wintersonne ist mir lieb,
der Sommerwind ein Retter;
genießen kann ich dann und wann
das Herbst- und Frühlingswetter.
Sonst aber will mir's nicht gelingen,
der Jahreszeiten Lob zu singen.

**That Reminds Me**

Just imagine yourself seated on a shadowy terrace,
And beside you is a girl who stirs you more strangely than an heiress.
It is a summer evening at its most superb,
And the moonlight reminds you that To Love is an active verb,
And your hand clasps hers, which rests there without shrinking,
And after a silence fraught with romance you ask her what she is thinking.
And she starts and returns from the moon-washed distances to the shadowy veranda,
And says, Oh I was wondering how many bamboo shoots a day it takes to feed a baby Giant Panda.
Or you stand with her on a hilltop and gaze on a winter sunset,
And everything is as starkly beautiful as a page from Sigrid Undset,
And your arm goes round her waist and you make an avowal which for masterfully marshaled emotional content might have been a page of Ouida's or Thackeray's,
And after a silence fraught with romance she says, I forgot to order the limes for the Daiquiris.
Or in a twilight drawing room you have just asked the most momentous of questions.
And after a silence fraught with romance she says, I think this little table would look better where that little table is, but then where would that little table go, have you any suggestions?
And that's the way they go around hitting below our belts;
It isn't that nothing is sacred to them, it's just that at the Sacred Moment they are always thinking of something else.

**Das erinnert mich**

Also stell dir vor, du sitzt auf einer schattigen Terrasse
neben einer Schönen, die dich mehr erregt als eine, von der das
    Gerücht geht, daß ihr Onkel ihr Millionen hinterlasse.
Der milde Sommerabend ist einfach superb
und der Mondschein erinnert dich: „Lieben" ist ein aktives Verb.
Und während dein stilles Drängen ihre Hand in die deine lenkt,
fragst du sie nach langem romantischem Schweigen, woran sie
    denkt.
Und sie fährt zusammen und kommt von der mondversilberten Ferne
    zurück auf die schattige Veranda
und sagt: Oh, ich zerbreche mir den Kopf, wie viele Bambus-
    schößlinge frißt pro Tag so ein junger Riesenpanda?
Oder du stehst im Winter auf einer Berghöhe und bewunderst die
    Abendröte
und alles ist so ungeheuer schön wie ein Gedicht von Johann
    Wolfgang Goethe
und du legst den Arm um ihre Taille und machst ein Geständnis,
    dessen meisterhaft emotioneller Inhalt klingt wie eine Seite
    aus Rainer Maria Rilke oder Nikolaus Lenau
und nach langem romantischem Schweigen sagt sie: Jetzt hab' ich
    die eingemachten Gurken vergessen aus Teplitz-Schönau.
Oder einmal in der Dämmerung stellst du im Wohnzimmer die Frage
    aller Fragen an deine angebetete Fee
und nach langem romantischem Schweigen sagt sie: Ich glaube,
    dieser kleine Tisch würde sich netter dort machen, wo der
    andere kleine Tisch ist, aber was machen wir dann mit dem
    ersten kleinen Tisch, hast du eine Idee?
Ja, durch so einen Tiefschlag wollen sie uns kirre machen —
nicht, daß ihnen nichts heilig wäre; allein im heiligsten Augenblicke
    denken sie immer an andere Sachen.

**Lines Written to Console Those Ladies Distressed by the Lines "Men Seldom Make Passes, etc."**

A girl who is bespectacled,
She may not get her nectacled,
But safety pins and bassinets
Await the girl who fascinets.


**Biological Reflection**

A girl whose cheeks are covered with paint
Has an advantage with me over one whose ain't.


**Helpful Reflection**

A good way to forget today's sorrows
Is by thinking hard about tomorrow's.

**Trostspruch für Opfer des Ausspruchs:**
**„Männer, welche Mädchen jagen, meiden die, die Brillen tragen"**

Mag sein, daß Mädchen, die bebrillt sind,
schwer Männer finden, die gewillt sind;
doch den begehrteren Geschöpfchen
winkt bald die Windel und das Töpfchen.


**Natürliche Auslese**

Eine Frau, die sich Farbe schmiert ins Gesicht,
gefällt mir besser als eine, die nicht.


**Nützliche Überlegung**

Stören dich die heutigen Sorgen,
denke bloß an die von morgen.

**Old Dr. Valentine
To his Only Millionaire**

I remember the shape you were in when you went
From the ambulance into the oxygen tent.
Your kidneys were clogged, your liver was leather;
I took you apart, then put you together.
I hear that today you're a Sedgman at tennis,
A Hogan at golf, and an amorous menace.
There's only one effort too much for you still:
To pick up your pen and pay my bill.


**Yes and No**

Oh would I were a politician,
Or else a person with a mission.
Heavens, how happy I could be
If only I were sure of me.

How would I strut, could I believe
That, out of all the sons of Eve,
God had granted this former youth
A binding option on His truth.

One side of the moon we've seen alone;
The other she has never shown.
What dreamless sleep, what sound digestion,
Were it the same with every question!

Sometimes with secret pride I sigh
To think how tolerant am I;
Then wonder which is really mine:
Tolerance, or a rubber spine?

**Der alte Dr. Valentin
an seinen einzigen Millionär-Patienten**

Ich weiß noch, in welchem Zustand Sie waren,
als man Sie in den Operationssaal gefahren:
Die Nieren zerschlissen, die Leber zerknickt —
ich hab' Sie aufgeschlitzt und wieder zusammengeflickt.
Heut' sind Sie ein Golfmeister, Tennisheld,
ein Verführer, dem jedes Mädchen gefällt.
Nur eines scheint Ihnen noch immer beschwerlich zu bleiben:
die Feder zu heben, um meinen Honorarscheck zu schreiben.


**Ja und Nein**

Ach, wäre ich ein Diplomat,
Bekehrer oder Advokat:
Ich hätte die Gewißheit dann,
daß ich auf mich vertrauen kann.

Ich protzte, ich sei auserkoren
von allen, die vom Weib geboren,
noch jetzt — in meinen reifer'n Jahren —
die Wahrheit Gottes zu erfahren.

Der Mond zeigt stets nur eine Seite
und wendet ständig ab die zweite;
wie wär' das Leben voll Behagen,
wär' dies der Fall bei allen Fragen.

So aber denk' mit stolzem Sinn
ich oft, wie tolerant ich bin.
Doch halt — mit meinem Duldungswahne
bin ich vielleicht nur Wetterfahne?

**Paperback, Who Made Thee? Dost Thou Know Who Made Thee?**

A question that bothers me a lot
Is that of who invented what.
The Russians, as is widely known,
Were first to devise the telephone,
The electric toothbrush and Yorkshire pudding
And universal brotherhooding,
And motels and middle-income flats
And polyunsaturated fats,
Yet with all modesty they deny
Invention of the Great Big Lie,
And they are curiously lax
In claiming the credit for paperbacks.
I've often wondered what kindly gnomes
Originated these useful tomes.
I therefore gratefully shook the hand
Of a traveler from an antique land.
He told me a tale you may think is tall,
But it settled the matter once and for all.
Deep in the sand, in a bricked-up hole,
He had come across an authentic scroll
In which an Egyptian gave his version
Of a conversation with a Persian.
It occurred many thousand years ago
Where crocodiles lurk and lotuses grow.
Hotep asked with courtesy stately,
"Been reading any good pyramids lately?
Cheops's new one is simply terrific,
He cuts an absorbing hieroglyphic."
"I can't afford it", answered Cyrus back,
"I'm waiting until it's out in papyrus-back."

**Wer hat die Paperbacks erfunden?**

Eines möchte ich gern erkunden:
Wer hat eigentlich was erfunden?
Die Russen, dieses weiß man schon,
erfanden als erste das Telefon,
elektrische Zahnbürsten, Schießgewehre
und hochungesättigte Polymere,
Motels, die Kleinwohnung, Sommerzeit
und allgemeine Brüderlichkeit.
Doch sind sie mit der Behauptung lax,
sie seien die Erfinder des Paperbacks.
Oft fragte ich, welche geschickten Hände
erfanden diese nützlichen Bände.
Es war daher überaus interessant,
als ein Reisender aus dem Morgenland
eine Mär mir erzählte, die hörenswert,
weil sie die Frage endgültig klärt.
Er fand einst tief in erdiger Scholle
im Wüstengebiet eine uralte Rolle,
die einen Bericht darüber enthält,
was ein Perser einem Ägypter erzählt.
Es geschah vor Tausenden Jahren am Nile,
wo Lotos gedeiht sowie Krokodile.
Herr Hotep fragt, mit freundlichem Wesen:
„Schon mal eine gute Pyramide gelesen?
Cheops macht auf mich einen Eindruck, einen tiefen;
er meißelt großartige Hieroglyphen."
„Sie ist mir zu teuer", meint Herr Cyrus.
„Ich hoff', sie erscheint demnächst in Papyrus."

**Any Millenniums Today, Lady?**

As I was wandering down the street
With nothing in my head,
A sign in a window spoke to me
And this is what it said:

"Are your pillows a pain in the neck?
Are they lumpy, hard, or torn?
Are they full of old influenza germs?
Are the feathers thin and forlorn?
Bring 'em to us,
We do the trick;

Re-puff,
Replenish,
Re-curl,
Re-tick,
We return your pillows, spanned-and-spicked,
Re-puffed, replenished, re-curled, re-ticked."

As I was wandering down the street
With too much in my head,
The sign became a burning bush,
And this is what it said:

**Jüngstes Gericht wird aufserviert**

Ich wanderte die Straße hin
gedankenlos, mit leichtem Sinn.
Da kam ich an ein Ladenschild,
das dieses Angebot enthielt:
&bdquo;Hat dich dein Kissen der Ruhe beraubt?
Sind die Federn geballt und zerfetzt?
Ist seine Hülle beschmutzt und verstaubt,
von Grippebazillen durchsetzt?
Bring es zu unseren
    Auffrischungswerken
    zum Dämpfen,
    Reinigen
    und Stärken.
Hier wird frisch bezogen und — wohlgemerkt —
gedämpft, gereinigt und gestärkt."

Ich wanderte die Straße hin
gedankenvoll, mit schwerem Sinn.
Zum brennenden Dornbusch ward das Schild,
das dieses Angebot enthielt:

&bdquo;Hat dich die Welt deiner Ruhe beraubt?
Ist sie voll von Fehlern und Schwächen?
Ist sie rauh und schmutzig und überhaupt
durchsetzt von alten Gebrechen?
Bring sie zu unseren
    Auffrischungswerken
    zum Dämpfen,
    Reinigen
    und Stärken.

"Is the world a pain in the neck?
Is it lumpy, hard, or torn?
Is it full of evil ancestral germs
That were old before you were born?
Bring it to us,
We do the trick,
Re-puff,
Replenish,
Re-curl,
Re-tick,
In twenty-four hours we return the world
Re-puffed, replenished, re-ticked, re-curled."

As I was wandering down the street
I heard the trumpets clearly,
But when I faced the sign again
It spoke of pillows merely.
The world remains a derelict,
Unpuffed, unplenished, uncurled, unticked.


**The Lama**

The one-l lama,
He's a priest.
The two-l llama,
He's a beast.
And I will bet
A silk pajama
There isn't any
Three-l lllama.

In einem Tag ist das Übel bekämpft —
   da wird sie gereinigt, gestärkt und gedämpft."

Ich schritt dahin in gehobener Laune
und hörte klar den Schall der Posaune.
Doch als ich dann wieder das Schild besah,
war nur von Kissen die Rede da.
Die Welt, von Übel weiter gepeinigt,
ward weder gedämpft, gestärkt noch gereinigt.


**Die Asen**

Den Ein-A-Asen
folgt die Freya.
Den Zwei-A-Aasen
folgt der Geya.
Doch wett' ich ein paar
Silbervasen,
du findest keine
Drei-A-Aaasen.

**Mr. Artesian's Conscientiousness**

Once there was a man named Mr. Artesian and his activity was tremendous,
And he grudged every minute away from his desk because the importance of his work was so stupendous;
And he had one object all sublime,
Which was to save simply oodles of time.
He figured that sleeping eight hours a night meant that if he lived to be seventy-five he would have spent twenty-five years not at his desk but in bed,
So he cut his slumber to six hours which meant he only lost eighteen years and nine months instead,
And he figured that taking ten minutes for breakfast and twenty minutes for luncheon and half an hour for dinner meant that he spent three years, two months and fifteen days at the table,
So that by subsisting solely on bouillon cubes which he swallowed at his desk to save this entire period he was able,
And he figured that at ten minutes a day he spent a little over six months and ten days shaving,
So he grew a beard, which gave him a considerable saving,
And you might think that now he might have been satisfied, but no, he wore a thoughtful frown,
Because he figured that at two minutes a day he would spend thirty-eight days and a few minutes in elevators just traveling up and down,
So as a final timesaving device he stepped out the window of his office, which happened to be on the fiftieth floor,
And one of his partners asked "Has he vertigo?" and the other glanced out and down and said "Oh no, only about ten feet more."

**Der zeitsparende Herr Artesian**

Es war einmal ein Mensch namens Artesian, und sein Tätigkeitstrieb
 war einfach kolossal.
Jede Minute, die er von seinem Schreibtisch fern sein mußte, tat ihm
 leid, denn die Wichtigkeit seiner Arbeit war so phänomenal.
Und er hatte nur ein überragend wichtiges Ziel:
Zeit zu sparen, und zwar viel.
Er rechnete aus, daß 8 Stunden Schlaf pro Nacht bedeuten
 (angenommen, er würde 75 Jahre alt), daß er 25 Jahre nicht
 bei seinem Schreibtisch verbringen würde, sondern im Bett,
also verkürzte er seinen Schlaf zu 6 Stunden und machte damit
 immerhin 6 Jahre und 3 Monate wett.
Und er rechnete weiter aus, daß 10 Minuten für Frühstück,
 20 Minuten zum Mittagessen und eine halbe Stunde zum
 Abendbrot bedeuteten, daß er 3 Jahre, 2 Monate
 und 15 Tage verschwende, einfach mit Essen,
und so schluckte er bloß Suppenwürfel an seinem Schreibtisch und
 ersparte die ganze Essenszeit statt dessen.
Und er kalkulierte, daß (bei einem Zeitaufwand von 10 Minuten
 täglich) es mehr als 6 Monate und 10 Tage koste, sich zu
 rasieren,
und so ließ er sich einen Bart wachsen, um diese Zeit nicht
 zu verlieren.
Man sollte glauben, das alles wäre genug — aber nein, es trieb ihn,
 noch mehr Zeit zu sparen,
denn er errechnete, er verlöre (bei 2 Minuten täglich) 38 Tage
 mit Aufzugfahren.
So, als letzte Maßnahme, Zeit zu gewinnen, trat er aus seinem
 Bürofenster, das im 50. Stockwerk eines Hochhauses lag,
 und ein paar Sekunden später,
als einer seiner Partner fragte: „Ist er denn auf den Kopf gefallen?"
 blickte ein anderer aus dem Fenster und sagte: „Nein, es fehlen
 noch 3 bis 4 Meter."

**Third Limick**

Two nudists of Dover,
Being purple all over,
Were munched by a cow
When mistaken for clover.


**Funebrial Reflection**

Among the anthropophagi
People's friends are people's sarcophagi.


**The Purist**

I give you now Professor Twist,
A conscientious scientist.
Trustees exclaimed, "He never bungles!"
And sent him off to distant jungles.
Camped on a tropic riverside,
One day he missed his loving bride.
She had, the guide informed him later,
Been eaten by an alligator.
Professor Twist could not but smile.
"You mean", he said, "a crocodile."

**Irrtum**

Zwei Nacktbader lagen am sonnigen See,
blaurot gebraten von Kopf bis Zeh,
wurden gefressen von einer Kuh,
die glaubte, sie wären ein Bündel Klee.

**Kanniballade**

Den Anthropophagen
liegen Freunde im Magen.

**Der Purist**

Vor Ihnen steht Professor Haftler,
ein höchst exakter Wissenschaftler.
Vom Kuratorium hoch geschätzt
ward in den Urwald er versetzt.
Dort, lagernd in der Tropen-Au,
vermißt er seine junge Frau.
Es hat, wie ihm sein Boy erklärt,
ein Alligator sie verzehrt.
Da lächelt der Professor still:
„Sie meinen wohl — ein Krokodil."

**The Strange Case of Mr. Niobob's Transmogrification**

Listen motorists, and learn:
Once there was a motorist named Mr. Niobob who took a trip from
    which he didn't return.
His first five miles were simply seraphic
Because he was on a dual highway and there wasn't even
    a smattering of traffic
But then he had to leave the dual highway because his destination
    was merely New York,
And dual highways never go to anybody's destination, they all lead
    to a deserted traffic circle in Yoakum Corners or Medicine Fork,
So Mr. Niobob turned off the trafficless dual highway and with his
    usual luck,
Well yes, he immediately found himself behind a truck,
And whenever to pass it he mustered his nerve
Well, naturally, they came to a curve,
And it also bored him
That whenever the road straightened out and he edged over for
    a dash there would be another truck clattering toward him,
And he wished he had picked up a little voodoo on his cruise to Haiti,
Because while the truck bogged down to three miles per hour on the
    way uphill, why when he thought to overtake it on the way down
    it accelerated to eighty,
And all of a sudden they again entered a dual highway,
And Mr. Niobob said, "By gum, now I can drive my way,"
And he stepped on the gas with all his might,
And just as he overtook the truck it turned down a side road on the right.
Poor frustrated Mr. Niobob, his mind slipped quietly over the brink,
He just sat down und cried and cried until a kind Commissioner
    of Motor Vehicles took pity on him and transformed him into a
    fountain, at which tired truck drivers often pause to drink.

**Die tragische Metamorphose des Herrn Nioberthold**

Hier ist etwas, o Autofahrer, um euch zu belehren:
Es war einmal ein Autofahrer, der auszog, ohne je zurückzukehren.
Die ersten fünf Kilometer waren reines Paradies,
denn er fuhr auf einer Autobahn, auf der sich kaum ein Wagen sehen ließ.
Aber dann mußte er die Autobahn verlassen, denn sein Ziel war
    die Großstadt zur linken Hand
und eine Autobahn geht ja nie dorthin, wo man wirklich hin will,
    sondern führt nur zu einer Kreuzung in Niemandsland.
Also verließ Herr Nioberthold die verkehrslose Autobahn und bog
    in die Richtung ein, in die er wirklich fahren wollte,
und befand sich sofort hinter einem großen LKW, der gemächlich vorwärtsrollte.
Und sooft er ihn zu überholen versuchte und einen entsprechenden
    Anlauf nahm,
geschah es, daß gerade dann die Straße zu einer Kurve kam.
Auch entging er einige Male knapp der Vernichtung,
wenn auf gerader Strecke er rasch vorbeihuschen wollte und dann
    jedesmal ein anderer LKW auf ihn zukam, aus der
    entgegengesetzten Richtung.
Er wünschte, er hätte die Magie eines Medizinmanns aus Nairobi oder Asmara,
denn bei einer unübersichtlichen Steigung kroch der LKW-Lenker
    wie eine Schnecke, benahm sich aber dann beim Abstieg
    wie ein Rennbahnfara.
Doch dann kamen sie plötzlich wieder auf eine Autobahn,
und nun murmelte Herr Nioberthold: „Na warte, jetzt komme ich aber dran."
Und er trat auf das Gas und scherte sich nicht um den Führerschein,
    und just, als er an dem LKW vorbeiflitzte, bog dieser rechts
    in eine Ausfahrt ein.
Armer, verzweifelter Herr Nioberthold! Er verlor den Verstand,
    setzte sich einfach hin und weinte und weinte, bis ein barmherziger
    Verkehrsinspektor ihn in eine Quelle verwandelte, für müde
    LKW-Fahrer, wenn sie sich an einem Trunk frischen Wassers
    laben wollen, am Straßenrand.

**A Bulletin Has Just Come In**

The rabbit's dreamy eyes grow dreamier
As he quietly gives you tularemia.

The parrot clashes his hooked proboscis
And laughs while handing you psittacosis.

In every swamp or wooded area
Mosquito witches brew malaria.

We risk at every jolly picnic
Spotted fever from a tick nick.

People perish of bubonic;
To rats, it's better than a tonic.

The hog converted into pork
Puts trichinosis on your fork.

The dog today that guards your babies
Tomorrow turns and gives them rabies.

The baby, once all milk and spittle,
Grows to a Hitler, and boy, can he hittle!

That's our planet, and we're stuck with it.
I wish its inheritors the best of luck with it.

**Letzte Nachrichten**

Kaninchen, sanft und amourös,
sind sehr beliebt, doch infektiös.

Der Papagei steckt ahnungslose
Bewundrer an mit Psittakose.

Moskitos sind nicht Vegetarier:
Ein Stich in dich — du hast Malaria.

Das Fleckchen schön für Picknickzwecke
ist auch das Heim der Typhuszecke.

Die Menschen tötet Beulenpest,
für Ratten ist sie wie ein Fest.

Und Schweine? Freund, mißtraue ihnen;
ihr Fleisch ist sicher voll Trichinen.

Der Hund, der deine Kinder hütet,
wird eines Tages toll und wütet.

Das süße Wickelkind im Haus
wächst sich zu einem Hitler aus.

So ist die Welt, das alte Stück;
Euch, die ihr nachkommt, wünsch' ich Glück.

# Kurzer Reiseführer

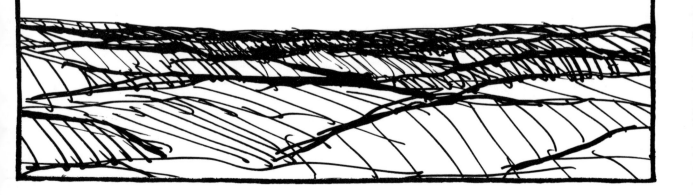

**Away from It All**

I wish I were a Tibetan monk
Living in a monastery.
I would unpack my trunk
And store it in a tronastery;
I would collect all my junk
And send it to a jonastery;
I would try to reform a drunk,
and pay his expenses at a dronastery.-
And if my income shrunk
I would send it to a shronastery.


**The Redcap**

The hunted redcap knows not peace;
His mother was frightened by a valise.
The sight of luggage seems to stun him,
And if you force a bag upon him.
Like a wary doe concealing a fawn,
He hides it till all the cabs have gone.

**Flucht vor dem Alltag**

Ich reiste gern in einer Karawane
zu einer fernen Karawanserei;
dort läge ich auf einer Ottomane
inmitten einer Ottomanserei.
Ich äße mit Genuß eine Banane,
ganz frisch gepflückt in der Bananserei,
und riefe mir die schönste Kurtisane
wohl aus der nächsten Kurtisanserei
Und schwände mein Vermögen, das vertane,
so schickt' ich es in die Vertanserei.


**Der Gepäckträger**

Gehetzt ist der Träger mit deinem Gepäck;
ein Koffer versetzte einst seine Mutter in Schreck.
Der Anblick von Gepäck verursacht ihm seelischen Schaden
und willst du ihn mit einer Tasche beladen,
versteckt er sie wie eine Rehmutter ihr Kind,
bis alle Taxis verschwunden sind.

**Paris**

The independent Parisian hackie
Is bent on proving he's no man's lackey.
As railroads feel about commuters,
As Odysseus felt toward Penelope's suitors,
As landlords feel about repairs,
That's how he feels toward potential fares.
They inspire him with horrendous hates
Which into hunger he sublimates,
So when you hail him he's pleased as Punch
To spit in your eye and go to lunch.

**Venice**

The Venetian who wishes to spark
Can't say, Drive around Central Park.
He coaxes her into a gondola
When he wishes to woo and fondola,
But after the rice and confetti
They ride on the *vaporetti*.

**Paris**

So ein Pariser Taxichauffeur kennt keine Heuchelei;
er zeigt dir mal bloß, er ist nicht dein Lakai.
Was eine Eisenbahn vom Herrenfahrer hält, der lenkt,
was ein Odysseus über Penelopes Freier denkt,
was Hausherren denken, die Reparaturen zahlen sollen,
das denkt er von Passagieren, die mit ihm fahren wollen.
Er wird von ihnen zu schrecklichem Haß inspiriert,
den er trotzig zu Hunger sublimiert.
Drum, willst du ihn etwa in Dienst für dich pressen,
lacht er, spuckt aus und geht mittagessen.


**Venedig**

Will ein Venezianer einer Maid imponieren,
kann er nicht mit ihr im Park herumkutschieren.
Er lockt sie in eine seiner Gondeln,
um mit ihr zu tändeln und zu tondeln.
Doch später, nach Reis und Konfetti,
benützen sie nur Vaporetti.

**The Azores**

An Azore is an isle volcanic
Whose drivers put me in a panic.
The English expression "Slow down, please"
Means "Step on the gas!" in Portuguese.
An Azore is a beauty spot?
I don't know whether it is or not.
While racing round it hell-for-leather,
My eyelids were always jammed together.


**City Greenery**

If you should happen after dark
To find yourself in Central Park,
Ignore the paths that beckon you
And hurry, hurry to the zoo,
And creep into the tiger's lair.
Frankly, you'll be safer there.

**Die Azoren**

Eine Azore ist Teil einer Gruppe vulkanischer Inseln;
dort brachten mich Taxichauffeure zum Winseln.
Sagt man diesen „bitte langsam" auf deutsch, englisch
oder französisch,
so heißt das offenbar „geben Sie Gas" auf portugösisch.
Azoren sind schön? Ja, wenn Sie mich fragen,
kann ich Ihnen leider die Antwort nicht sagen,
denn als wir wie wahnsinnig durch die Insel schossen,
hielt ich entsetzt meine Augen geschlossen.


**Der Zentralpark von New York**

Solltest nach der Sonne Schwinden
du dich hier im Park befinden,
laß die Wege! Eile so
schnell wie möglich in den Zoo,
krieche in den Löwenzwinger —
dort ist die Gefahr geringer.

**My Trip daorbA**

I have just returned from a foreign tour,
But ask me not what I saw, because I am not sure.
Not being a disciplinarian like Father Day,
I saw everything the wrong way,
Because of one thing about Father Day I am sure,
Which is that he would not have ridden backwards so
    that the little Days could ride forwards on their foreign tour.
Indeed I am perhaps the only parent to be found
Who saw Europe, or eporuE, as I think of it, the wrong way round.
I added little to my knowledge of the countryside but much
    to my reputation für docility
Riding backwards through ecnarF and ylatI.
I am not quite certain,
But I think in siraP I saw the ervuoL, the rewoT leffiE, and
    the Cathedral of emaD ertoN.
I shall remember ecnerolF forever,
For that is where I backed past the house where etnaD wrote
    the "onrefnI," or ydemoC eniviD, and twisted my neck
    admiring the bridges across the onrA reviR.
In emoR I glimpsed the muroF and the nacitaV as in a mirror
    in the fog,
While in ecineV I admired the ecalaP s'egoD as beheld from
    the steerage of an alodnoG.
So I find conditions overseas a little hard to judge,
Because all I know is what I saw retreating from me as I rode
    backwards in compartments in the niart and in carriages
    sitting on the taes-pmuj.

**Reise ins dnalsuA**

Ich komme eben zurück von ein paar schönen Ferientagen;
ich war im Ausland, aber was ich dort sah, kann ich nicht sagen.
Als milder Papa, der seinen Kindern nichts verwehrt,
ließ ich sie immer vorne sitzen und saß selber verkehrt.
Ich bin also vermutlich der einzige Papa,
der Europa sozusagen als aporuE von hinten sah.
Mir erschienen die Länder der Toreros und der Gelati
in der Rückschau als neinapS und neilatI.
Ich bin nicht sicher, aber ich glaube, ich sah irgendwie
    siraP und den ervuoL, die Kathedrale von emaD ertoN und den
    mrutleffiE.
Und in znerolF entzückte mich im höchsten Grad
ein flüchtiger Anblick des Hauses, in dem die aniviD
    aidemoC einst geschaffen wurde von etnaD.
Auch sah ich kurz das muroF in moR, den nakitaV und
    gideneV, als von Ort zu Ort ich zog;
die Lagunenstadt bewunderte ich aus meiner Perspektive von
    einer lednoG.
In meine Einschätzung des Auslands kommt also vielleicht
    ein Mißton,
denn ich kann nur beurteilen, was verkehrt an mir vorbeiflitzte,
    als ich mit dem Rücken gegen die Fahrtrichtung in
    einem guZ saß oder in einem alpinen Leiterwagen auf dem
    ztistoN.

**A Word to Husbands**

To keep your marriage brimming,
With love in the loving cup,
Whenever you're wrong, admit it;
Whenever you're right, shut up.


**Family Court**

One would be in less danger
From the wiles of the stranger
If one's own kin and kith
Were more fun to be with.


**The Parent**

Children aren't happy with nothing to ignore,
And that's what parents were created for.


**The Cat**

One gets a wife, one gets a house,
Eventually one gets a mouse.
One gets some words regarding mice,
One gets a kitty in a trice.
By two A. M., or thereabout,
The mouse is in, the cat is out.
It dawns upon one, in one's cot,
The mouse is still, the cat is not.
Instead of Pussy, says one's spouse,
One should have bought another mouse.

**Rat an Ehegatten**

Willst du eine gute Ehe,
glücklich, heiter und gesund —
wenn du unrecht hast, gestehe;
wenn du recht hast, halt den Mund.


**Familienangelegenheiten**

Geringer wär' die Gefahr bei uns allen,
den Schlichen des Fremden zum Opfer zu fallen,
wär' bloß die Gesellschaft naher Verwandter
amüsanter.


**Eltern**

Kinder brauchen jemanden zu ignorieren;
das ist der Grund, warum Eltern existieren.


**Die Katze**

Man nimmt ein Weib, man kauft ein Haus
und schließlich kriegt man eine Maus.
Man fragt, was man da machen kann,
und schafft sich eine Katze an.
Um zwei Uhr früh, die Ruh ist hin,
die Katz ist drauß', die Maus ist drin.
Man wacht, bis es dem Morgen graut;
die Maus ist still, die Katz ist laut.
Die Frau spricht: Laß die Katze aus,
kauf lieber eine zweite Maus.

**Please Pass the Biscuit**

I have a little dog,
Her name is Spangle,
And when she eats
I think she'll strangle.

She's darker than Hamlet,
Lighter than Porgy;
Her heart is gold,
Her odor, dorgy.

Her claws click-click
Across the floor,
Her nose is always
Against a door.

Like liquid gems
Her eyes burn clearly;
She's five years old,
And house-trained, nearly.

Her shame is deep
When she has erred;
She dreads the blow
Less than the word.

I marvel that such
Small ribs as these
Can cage such vast
Desire to please.

She's as much a part
Of the house as the mortgage;
Spangle, I wish you
A ripe old dortgage.

**Bitte um den Knochen**

Ich habe ein Hündchen,
das alle entzückt.
Wenn es frißt, muß man fürchten,
daß es erstickt.

Sein Fell ist gemischt,
halb weißlich, halb schwärzlich,
sein Duft strikte Hündchen,
sein Wesen herzlich.

Die Pfoten am Boden
klappern eins, zwei, drei, vier;
die Schnauze ist immerzu
hart an der Tür.

Wie flüssige Gemmen
sind die Augen stets da;
's ist nach fünf Jahren zimmerrein
(oder beinah).

Es schämt sich zutiefst,
wenn es fehlte am Ort;
es fürchtet die Schläge
nicht so wie das Wort.

Wie kann so ein Körperchen,
schmächtig und klein,
so voll von Bedürfnis
nach Zärtlichkeit sein?

Du gehörst wie die alte
Hypothek mit zum Haus —
oh, halt ein Jahrhunde-
leben noch aus!

**GRANDFATHER VERSES**

**Their Stomach Is Bigger than Your Eyes**

We must not irritation feel
When children gorge before the meal.
The reason why is manifest —
That's when they are the hungriest.

**The Gentleman Lady's Maid**

A treat which I consider mild
Is dressing an impatient child.
It proves impossible to insert
The child in socks or drawers or shirt.
The process baffles brain and brawn,
The socks will just go halfway on,
The drawers cut the child in two
And the shirt won't let the head get through.
It's presently clear that one can not
Force last month's clothes on this month's tot.

## GROSSPAPAVERSE

### Ihr Magen ist größer als deine Augen

Wir müssen unsern Zorn vergessen,
wenn Kindlein vor dem Essen essen.
Der Grund — man muß sich damit trösten:
Ihr Hunger ist grad dann am größten.

### Der Herr Kammerzof

Ein Vergnügen fiele mir leicht zu meiden:
Ein ungeduldiges Kind anzukleiden.
Du willst es in Socken, Hemd, Hose stopfen?
Haha! Verloren sind Malz und Hopfen.
Vergeblich zerbrichst du dir deinen Skalp —
die Socken anziehen glückt nur halb.
Den Kopf durch das Hemd — welch Schinderei.
Die Hose schneidet das Kind entzwei.
Am Ende sieht es auch ein Blinder:
In Vormonats Kleider steckt man nicht Diesmonats Kinder.

**Apprehension**

Whose child is this with sodden clothes
And sneezing fits and runny nose?
Its temperature is ninety-nine;
I only know if it were mine
A steaming tub I'd soak it in
And leave the rest to aspirin.
The child does not belong to me,
I'm just a scrupulous trustee,
So I must call the doctor in
Who'll grunt, and order aspirin.

**Traumichnicht**

Wem gehört das Kind mit den Kleidern, den nassen,
der rinnenden Nase, dem Gesicht, dem blassen?
Sein Fieber ist 37,1.
Ich weiß nur, wäre das Kind meins,
ich steckt's in die Wanne, in's warme Bette —
dann: Eine Aspirintablette.
Aber das Kind gehört nicht mir,
ich bin bloß der sorgsame Aufpasser hier.
So rufe ich also den Arzt zur Stätte —
der grunzt und verschreibt: Aspirintablette.

**Grandpa Is Ashamed**

A child need not be very clever
To learn that "Later, dear" means "Never."


**The Romantic Age**

This one is entering her teens,
Ripe for sentimental scenes,
Has picked a gangling unripe male,
Sees herself in bridal veil,
Presses lips and tosses head,
Declares she's not too young to wed,
Informs you pertly you forget
Romeo and Juliet.
Do not argue, do not shout;
Remind her how that one turned out.


**One Times One Is Eight**

Either old magic or new math
Into our house has beat a path.
How else could Einstein or Diogenes
Explain an exploit of our progeny's?
While at the table with his ilk
A child upsets a glass of milk.
The glass held half a pint when filled.
And half a gallon when it spilled.

**Großpapa schämt sich**

Ein Kind braucht nicht viel Phantasie
zu merken: „Später, Kind" heißt „Nie".


**Backfischalter**

Sie ist kaum fünfzehn Jahre alt
und schon ist sie in wen verknallt.
Ein unreifes Bürschchen hat sie gewählt
und sieht sich bereits mit ihm vermählt.
Sie sagt, und schüttelt ihr Haar mit Schwung,
sie sei zur Ehe nicht zu jung.
„Weißt du denn gar nichts, Großpapa,
von Romeo und Julia?"
Man zeige weder Ärger noch Bangen
und erinnere sie, wie es ausgegangen.


**Einmal eins ist acht**

Neue Mathematik oder alte Zauberei
führten im Haus eine Krise herbei.
Wie könnte Herr Einstein oder Euklid
erklären, was bei unsern Kindern geschieht?
Ein kleiner Bengel stößt vermessen
sein Milchglas um beim Mittagessen.
Das Glas hielt ein Viertel, als auf ich es tischte,
jedoch zwei Liter Milch, als auf ich sie wischte.

**A Child's Guide to Parents**

Children, I crave your kind forbearance;
Our topic for today is Parents.

Parents are generally found in couples,
Except when divorce their number quadruples.

Mostly they're married to each other.
The female one is called the mother.

Paternal pride being hard to edit,
The male, or father, claims the credit,

But children, hark! Your mother would rather.
When you arrived, have been your father.

At last on common ground they meet:
Their child is sweetest of the sweet.

But burst not, babe, with boastful glee;
It is themselves they praise, not thee.

The reason Father flatters thee, is —
Thou must be wonderful, aren't thou his?

And Mother admires her offspring double,
Especially after all that trouble.

The wise child handles father and mother
By playing one against the other.

Don't! cries this parent to the tot;
The opposite parent asks, Why not?

**Elternfibel für Kinder**

Jetzt, Kinder, bitte ich aufzupassen;
wir wollen uns heute mit Eltern befassen.

Man trifft sie gewöhnlich in Paaren an
(bei Scheidungen auch als Viergespann).

Vermählt sind sie miteinander zumeist;
das Elternweibchen die Mutter heißt.

Der Vater, das Männchen, voll Stolz und Kraft,
tut so, als hätt' er's allein geschafft,

jedoch als ihr ankamt, hätt' eure Mama
wohl vorgezogen, sie wär' der Papa.

Worin sie indessen sich einig sind:
Ihr Sprößling ist das süßeste Kind.

Doch bilde dir, Kind, darauf nichts ein;
sie loben damit nur sich allein.

Papa findet alles an dir gut,
denn du bist schließlich sein Fleisch und Blut.

Und von Mama kann nach all den Beschwerden
nichts als Bewundrung erwartet werden.

Es nützt, um bei Eltern was zu erzielen,
sie gegeneinander auszuspielen.

„Das darfst du nicht tun!" ein Elternteil spricht;
gleich hört man vom andern: „Warum denn nicht?"

Let baby listen, nothing loth,
And work impartially on both.

In clash of wills, do not give in;
Good parents are made by discipline;

Even a backward child can foil them,
If ever careful not to spoil them.

Does Daddy his precious glasses grudge?
Remember you are the proper judge.

Does Mummy remove the scissors hence?
Fail not to chide her impudence.

Woe to the weakling lad or lass
Who lets a slight or insult pass!

Woe to the spineless, falling heir unt
To a headstrong, wayward parent!

But joy in heaping measure comes
To children whose parents are under their thumbs!

Das kluge Kind bleibt dabei stumm
und kriegt danach alle beide herum.

Bleib' fest bei Meinungsverschiedenheiten;
man dizipliniere die Eltern beizeiten.

Damit gelingt es auch spätreifen Kindern,
das elterliche Komplott zu verhindern.

Ist Vati besorgt um seine Brille?
Merk' dir: hier gilt sonst nichts als dein Wille.

Hat Mutti die Schere dir weggenommen?
Da soll sie was zu hören bekommen!

Zu solchen Unverschämtheiten schweigen
heißt unverzeihliche Schwäche zeigen.

Buben und Mädel erdulden dann später
die eigenwilligsten Mütter und Väter.

Doch ist das Leben reich an Vergnügen
für Kinder, denen die Eltern sich fügen.

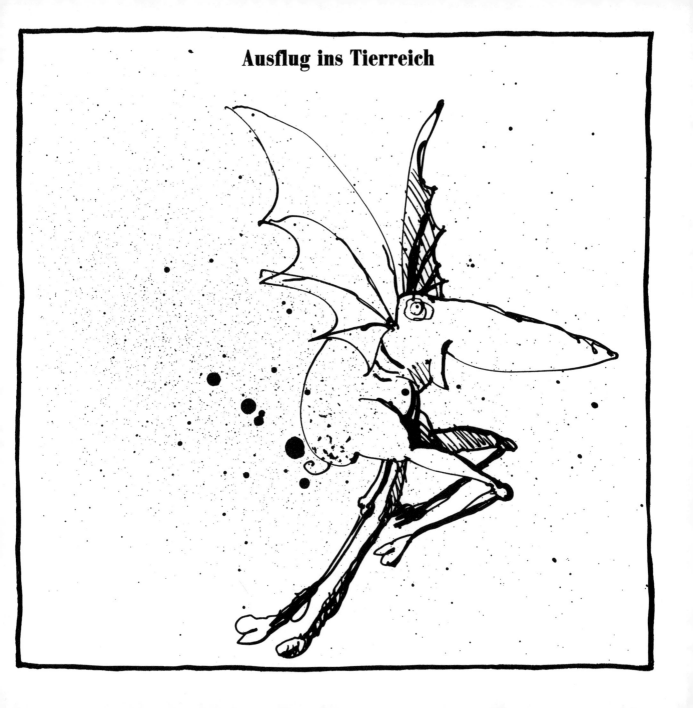
# Ausflug ins Tierreich

### The Fish

The fish, when he's exposed to air,
Can show no trace of savoir faire,
But in the sea regains his balance
And exploits all his manly talents.
The chastest of the vertebrates,
He never even sees his mates,
But when they've finished, he appears
And O. K.'s all their bright ideas.

### The Eel

I don't mind eels
Except as meals.

### The Shark

How many Scientists have written
The shark is gentle as a kitten!
Yet this I know about the shark:
His bite is worser than his bark.

### The Turtle

The turtle lives 'twixt plated decks
Which practically conceal its sex.
I think it clever of the turtle
In such a fix to be so fertile.

**Der Fisch**

Der Fisch verschmäht die frische Luft,
weil dort sein Lebensgeist verpufft;
jedoch im nassen Element
bezeugt er männliches Talent.
Als keuschestes von allen Tieren
bewahrt er Abstand beim Hofieren
und segnet das, was seiner harrt,
mit Milch der frommen Denkungsart.


**Der Aal**

Mich stört kein Aal,
es sei denn als Mahl.


**Der Hai**

Zoologen sagen, daß der Hai
sanft wie ein kleines Hündchen sei.
Ich aber weiß, es gilt zumeist:
Er bellt zwar nicht, jedoch er beißt.


**Die Schildkröte**

Schildkröten zwischen Panzern stecken,
die praktisch ihr Geschlecht verdecken.
Ich finde es bewundernswert,
daß dieses Tier sich doch vermehrt.

## Bugs

Some insects feed on rosebuds,
And others feed on carrion.
Between them they devour the earth.
Bugs are totalitarian.

## The Centipede

I objurgate the centipede,
A bug we do not really need.
At sleepy-time he beats a path
Straight to the bedroom or the bath.
You always wallop where he's not,
Or, if he is, he makes a spot.

## Glossina Morsitans, or, The Tsetse

A Glossina morsitans bit rich Aunt Betsy.
Tsk tsk, tsetse.

## The Termite

Some primal termite knocked on wood
And tasted it, and found it good,
And that is why your Cousin May
Fell through the parlor floor today.

**Ungeziefer**

Manche Insekten fressen Rosenknospen
und manche Aas.
Alle zusammen verschlingen die Erde
in totalem Fraß.

**Die Assel**

Die Kellerassel acht' ich tiefer
als manches andre Ungeziefer
Zur Abendstunde kriecht sie immer
ins Schlaf-, wenn nicht ins Badezimmer.
Dort, wo du hinhaust, ist sie weg,
und ist sie's nicht, so bleibt ein Fleck.

**Glossina Morsitans, die Tsetse-Fliege**

Eine Glossina Morsitans stach Tante Berta,
trotz all ihrer Schätze,
am Tsad-See, die Tsetse.

**Die Termite**

Die Ur-Termite hat entdeckt,
daß weiches Holz am besten schmeckt.
Darum sah man den Vetter Krausen
heut' durch den Zimmerboden sausen.

**The Insect**

The insect serves some useful end,
But what it is I've never kenned.
I do not like the ones that buzz,
I do not know a soul who does;
And as for those that crawl and creep,
The more they die, the less I weep.
Yet such is ego, low and high,
They'd rather be themselves than I.


**The Ant**

The ant has made himself illustrious
Through constant industry industrious.
So what?
Would you be calm and placid
If you were full of formic acid?


**The Bat**

Myself, I rather like the bat,
It's not a mouse, it's not a rat.
It has no feathers, yet has wings,
It's quite inaudible when it sings.
It zigzags through the evening air
And never lands on ladies' hair.
A fact of which men spend their lives
Attempting to convince their wives.

**Das Insekt**

Insekten dienen nützlichen Zwecken,
doch konnte ich diese niemals entdecken.
Die Brummenden mag ich besonders nicht
und bin nicht allein in diesem Verzicht.
Und die, die krabbeln und kriechen — da mein' ich,
je mehr davon stirbt, desto weniger wein' ich.
Doch so arrogant ist dieses Getier,
es würde bestimmt nicht tauschen mit mir.


**Ameisen**

Ameisen ernten Lob und Preis,
denn jeder achtet ihren Fleiß.
Na schön.
Wärt ihr denn lässig, wären eure
Arterien voll Ameisensäure?


**Die Fledermaus**

Die mir recht liebe Fledermaus
ist weder Ratte, weder Maus,
hat keine Federn, ist dennoch beschwingt,
ist nicht zu hören, auch wenn sie singt.
Nachts schwirrt sie umher, doch ist es nicht wahr,
daß sie sich verfängt in Damenhaar.
Die Gatten beteuern dies noch und noch,
aber die Gattinnen fürchten sich doch.

### The Cuckoo

Cuckoos lead Bohemian lives,
They fail as husband and as wives,
Therefore they cynically disparage
Everybody else's marriage.

### The Stork

From long descriptions I have heard
I guess this creature is a bird.
I've nothing else of him to say,
Except I wish he'd go away.

### The Pigeon

There is nothing in any religion
Which compels us to love the pigeon.

### The Rooster

The rooster has a soul more bellicose
Than all your Ludendorffs and Jellicoes.
His step is prouder than Davy Crockett's,
As he swaggers by with his hands in his pockets.

### The Kitten

The trouble with a kitten is
THAT
Eventually it becomes a
CAT.

### Der Kuckuck

Der Kuckuck führt ein Lotterleben;
dem Eh'stand ist er nicht ergeben.
Drum sucht er zynisch auch zu stören
die Ehen, die nicht ihm gehören.

### Der Storch

Von ihm erzählt man vielerlei;
ich glaub', daß er ein Vogel sei.
Sonst weiß ich wenig über ihn —
nur das: Er soll von dannen ziehn.

### Die Taube

Ich kenne keinen Glauben,
der vorschreibt: Liebet die Tauben.

### Der Hahn

Erfüllt von Kampfgeist ist der Hahn,
wie Ludendorff und Dschingis-Khan.
Die Hände in die Taschen steckt er
stolz wie ein Generaldirektor.

### Das Kätzchen

Das Kätzchen ist süß, doch leider
HAT'S
sich bald entwickelt zu einer
KATZ.

### The Dog

The truth I do not stretch or shove
When I state the dog is full of love.
I've also proved, by actual test,
A wet dog is the lovingest.


### The Cow

The cow is of the bovine ilk;
One end is moo, the other, milk.


### The Pig

The pig, if I am not mistaken,
Supplies us sausage, ham, and bacon.
Let others say his heart is big —
I call it stupid of the pig.


### The Camel

The camel has a single hump;
The dromedary, two;
Or else the other way around.
I'm never sure. Are you?


### The Fly

God in His wisdom made the fly
And then forgot to tell us why.

**Der Hund**

Es weiß ein jeder weit und breit,
ein Hund braucht Liebe und Zärtlichkeit.
Doch mach' ich nach eifrigem Studium kund:
Am zärtlichsten ist ein nasser Hund.


**Die Kuh**

Zum Rindviehstamm gehört die Kuh;
ein Ende macht Milch, das andere Muh.


**Das Schwein**

Das Schwein beschert uns, wie ich seh',
Wurst, Schinken, Speck und Selchkarree.
Großherzig von dem Tier? Mag sein.
Ich find' es blöde von dem Schwein.


**Das Kamel**

Nur einen Höcker hat das Kamel
und zwei das Dromedar.
Oder vielleicht ist es umgekehrt —
Schwer zu sagen, nicht wahr?


**Die Fliegen**

In Weisheit schuf der Herr die Fliegen —
den Grund dafür hat Er uns verschwiegen.

**The Panther**

The panther is like a leopard,
Except it hasn't been peppered.
Should you behold a panther crouch,
Prepare to say Ouch.
Better yet, if called by a panther,
Don't anther.

**The Germ**

A mighty creature is the germ,
Though smaller than the pachyderm.
His customary dwelling place
Is deep within the human race.
His childish pride he often pleases
By giving people strange diseases.
Do you, my poppet, feel infirm?
You probably contain a germ.

**The Phœnix**

Deep in the study
Of eugenics
We find that fabled
Fowl, the Phœnix.
The wisest bird
As ever was,
Rejecting other
Mas and Pas,
It lays one egg,
Not ten or twelve,
And when it's hatched,
Out pops itselve.

**Der Panther**

Der Panther ist ein Leopard,
der seiner Flecken ledig ward.
Siehst du wo einen Panther kauern,
wirst du's bedauern.
Am besten ist, man bleibt dem Panther
Ein Unbekanther.

**Das Bakterium**

Stark aber klein ist das Bakterium,
verglichen mit dem Megatherium.
Es pflegt sich meistens voller Listen
tief in der Menschheit einzunisten,
um uns mit kindischem Vergnügen
die tollsten Leiden zuzufügen.
Dich plagt ein inneres Mysterium?
In dir steckt sicher ein Bakterium.

**Der Phönix**

Die Arterhaltungs-
kunst des Phönix,
des sagenhaften
Vogelkönix,
weiß auf die Mutter
zu verzichten
und braucht den Vater
auch mitnichten.
Er legt ein Ei
(nur eins, nicht mehr)
und was dann auskriecht,
das ist er.

**Who Called That Pied-Billed Grebe a Podilymbus Podiceps Podiceps?**

All I know about the bird:
It is feathered, not furred.
Ornithologists know all about the bird,
But their nomenclature is absurd.
As scientists, they are naturally pedantic,
But they are also afflicted with a compulsion to repetition that
    is hysterical and frantic.
Their needle is caught in a groove, a cog is missing in their pianola,
Hence we find the black-bellied plover turning up as *Squatarola
    squatarola.*
We laymen are not so woolly-minded as they think us —
We get the point when they call a mallard *Anas platyrhynchos;* they
    need not belabor it by proceeding to *Anas platyrhynchos
    platyrhynchos.*
Their bubbling bibble-babble is truly splendiferous;
Think upon the redheaded woodpecker, or *Melanerpes
    erythrocephalus erythrocephalus,* as well as the killdeer, or
    *Charadrius vociferus vociferus.*
Stay me with parsnips, comfort me with sarsaparilla —
From the pine siskin they have hatched a *Spinus pinus pinus* and
    from the eastern field sparrow a *Spizella pusilla pusilla.*
(And in parenthis,
While speaking of sparrows, what meagre meal is commemorated by
    terming the savanna sparrow *Passerculus sandwichensis?)*
Did Little Sir Echo originate the double- and triple-headed
    terminology they stuff in us?
How else did the eastern harlequin duck become *Histrionicus histrionicus*
    and the Manx shearwater turn into *Puffinus puffinus puffinus?*
By Allah,
I believe all ornithologists must be natives of Pago Pago, Baden
    Baden, or Walla Walla.

**Wer nannte den See-Taucher Podilymbus podiceps podiceps?**

Vom Vogel ist mir auch nur eines klar:
Er hat Federn, aber kein Haar.
Das Wissen der Ornithologen macht großen Eindruck auf mich,
aber die Art, wie sie die Vögel benennen, finde ich lächerlich.
Als Wissenschaftler haben sie natürlich die Aufgabe, Arten und Gattungen
    zu erkennen,
doch ist das kein Grund dafür, daß sie offenbar unter der Zwangsneurose
    leiden, Vögel doppelt zu benennen.
Ihre Nadel scheint in der Schallplatte steckengeblieben zu sein oder
    es fehlt ein Zahn in ihrem Pianola
und daher finden wir nun den Kiebitz als *Squatarola squatarola*.
Offenbar glauben sie, wir Laien hätten ein Erinnerungsvermögen wie ein Schöps,
aber wir verstehen ganz gut, wenn sie einen See-Taucher *Podilymbus*
    *podiceps* nennen — sie brauchen nicht in uns hineinzutrichtern
    *Podilymbus podiceps podiceps*.
Und welcher Hokuspokus führte zu dem Beschluß,
den rotköpfigen Specht *Melanerpes erythrocephalus erythrocephalus*
    zu taufen und den Regenpfeifer *Charadrius vociferus vociferus?*
Welche gelehrte Kamarilla
heckte den Plan aus, einen gewissen Zeisig *Spinus pinus pinus* zu
    nennen und den Feldsperling *Spizella pusilla pusilla?*
(Nebstbei: An welches kärgliche Mahl dachte der ornithologische
    Amanuensis,
dem ein Savannen-Sperling den Namen verdankt: *Passerculus sandwichensis?)*
Stammt die Verdopplung und Verdreifachung von einem Echo oder
    hatte jemand zu viel vom Faß des Gambrinus?
Wie sonst wurde aus einer Kragenente *Histrionicus histrionicus* und aus
    einem Wasserscherer der Insel Man ein *Puffinus puffinus puffinus?*
Bei Allah,
Ich glaube, alle Ornithologen stammen aus Baden Baden, Pago Pago
    oder Walla Walla.

# Nachtrag

## Nash in nachdenklicher Stimmung
(wer nur an der heiteren Muse interessiert ist, lese bitte nicht weiter)

**A Caution to Everybody**

Consider the auk;
Becoming extinct because he forgot how to fly, and could only walk.
Consider man, who may well become extinct
Because he forgot how to walk and learned how to fly before he
    thinked.


**The Middle**

When I remember bygone days
I think how evening follows morn;
So many I loved were not yet dead,
So many I love were not yet born.

**Mahnwort für alle**

Gedenke der Dronte,
die ausstarb, weil sie das Fliegen verlernte und nur noch
    laufen konnte.
Gedenke des Menschen, dem bestimmt sein mag, auszusterben,
weil er das Laufen vergaß und das Fliegen erlernte, bevor ihm
    gelang, des Denkens Kunst zu erwerben.


**In der Mitte**

Ich denke an Menschen gewonnen, verloren;
an längst vergangene Tage, da viele,
die ich einst liebte, noch nicht verstorben,
die ich jetzt liebe, noch nicht geboren.

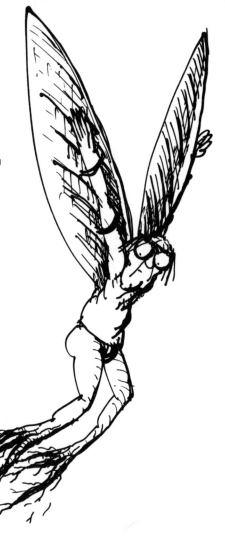

**Crossing the Border**

Senescence begins
And middle age ends
The day your descendants
Outnumber your friends.

**Old Men**

People expect old men to die,
They do not really mourn old men.
Old men are different. People look.
At them with eyes that wonder when . . .
People watch with unshocked eyes . . .
But the old men know when an old man dies.

**Grenzübertritt**

Es beginnt das Greisenalter,
Leben sich dem Abend neigt,
wenn die Zahl der Stammerhalter
die der Freunde übersteigt.


**Die Greise**

Um Greise gibt es kein wirkliches Trauern;
ihr Tod wird erwartet. Den alten Mann
sieht man so eigentümlich an,
als fragte man: Wie lang wird's noch dauern?
Gefaßt erträgt's der Bekanntenkreis...
nur Greise wissen: Hier stirbt ein Greis.

**A Carol for Children**

God rest you, merry Innocents,
Let nothing you dismay,
Let nothing wound an eager heart
Upon this Christmas day.

Yours be the genial holly wreaths,
The stockings and the tree;
An aged world to you bequeaths
Its own forgotten glee.

Soon, soon enough come crueler gifts,
The anger and the tears;
Between you now there sparsely drifts
A handful yet of years.

Oh, dimly, dimly glows the star
Through the electric throng;
The bidding in temple and bazaar
Drowns out the silver song.

The ancient altars smoke afresh,
The ancient idols stir;
Faint in the reek of burning flesh
Sink frankincense and myrrh.

Gaspar, Balthazar, Melchior!
Where are your offerings now?
What greetings to the Prince of War,
His darkly branded brow?

**Weihnachtschoral an die Kinder**

Gott schütz' euch, die ihr schuldlos seid,
was auch geschehen mag.
Beschieden sei euch Fröhlichkeit
an diesem Weihnachtstag.

Genießt darum in vollem Maß
den Baum, das grüne Reis;
der Frohsinn, den die Welt vergaß,
winkt heute euch als Preis.

Doch herb're Gaben harren schon —
die Tränen und die Qual;
noch scheidet heute euch davon
der Jahre knappe Zahl.

Im Glanz der Neonlampen-Schar
verblaßt des Sternes Licht
und ob des Feilschens im Basar
hört man das Festlied nicht.

Die alten Götzen sind erwacht;
es flammt das Heidenbild.
Nicht Weihrauch ist's, was Tag und Nacht
verbranntem Fleisch entquillt.

Sprecht, Kaspar, Melchior, Balthasar:
Was würdet ihr wohl heut'
dem Kriegesfürsten bringen dar,
der düstren Blickes dräut?

Two ultimate laws alone we know,
The ledger and the sword —
So far away, so long ago,
We lost the infant Lord.

Only the children clasp his hand;
His voice speaks low to them,
And still for them the shining band
Wings over Bethlehem.

God rest you, merry Innocents,
While innocence endures.
A sweeter Christmas than we to ours
May you bequeath to yours.

Zwei Grundgebote, die man hält,
sind Kassabuch und Schwert.
Wie lang schon hat sich doch die Welt
vom Christkind abgekehrt.

Nur unsre Kleinen sind ihm nah
und hören, was es spricht;
das Licht, das einst der Hirte sah,
erhellt auch ihr Gesicht.

Gott schütz' euch, die ihr schuldlos seid.
Sei heiligere Nacht,
als unsern Kindern wir geweiht,
den eurigen vermacht.

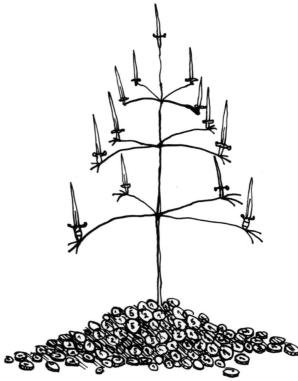

## Inhalt

Das Gedicht kommt mir bekannt vor    7

**Leichte Kost**    11

Gemischte Schokoladen    13
*Assorted Chocolates*

Gesellschaftliche Annäherung    13
*Reflection on Ice-Breaking*

Geschmackloser Versuch    13
*Experiment Degustatory*

Das Lied vom Schrumpfsinn    15
*Shrinking Song*

Wen's juckt, der kratze sich    19
*Taboo to Boot*

Denthysterie    21
*Obvious Reflection*

Fahrt ins Grüne    21
*Song of the Open Road*

Plakatastrophe    21
*Lather as You Go*

Die Luft hat keine Balken    23
*No, You Be a Lone Eagle*

Die Unbeschwingten    25
*The Unwinged Ones*

Was du morgen kannst besorgen…    27
*Procrastination Is All of the Time*

Den Erinnyen läßt sich nicht entrinnyen    29
*Reflection on the Fallibility of Nemesis*

Einsicht    29
*Introspective Reflection*

Lohn der Gastfreundschaft    29
*The Reward*

Die Unausstehlichen    31
*The Terrible People*

Lieber gar kein Wetter als dieses    35
*It's Never Fair Weather*

Das erinnert mich    37
*That Reminds Me*

Trostspruch für Opfer des Ausspruchs: „Männer, welche Mädchen jagen, meiden die, die Brillen tragen"    39
*Lines Written to Console Those Ladies Distressed by the Lines "Men Seldom Make Passes, etc."*

Natürliche Auslese    39
*Biological Reflection*

Nützliche Überlegung    39
*Helpful Reflection*

Der alte Dr. Valentin an seinen einzigen Millionär-Patienten    41
*Old Dr. Valentine To his Only Millionaire*

Ja und Nein    41
*Yes and No*

Wer hat die Paperbacks erfunden?    43
*Paperback, Who Made Thee? Dost Thou Know Who Made Thee?*

Jüngstes Gericht wird aufserviert    45
*Any Millenniums Today, Lady?*

Die Asen    47
*The Lama*

| | | | |
|---|---|---|---|
| ...mit makabrem Einschlag | 49 | Trautes Heim | 69 |
| Der zeitsparende Herr Artesian<br>*Mr. Artesian's Conscientiousness* | 51 | Rat an Ehegatten<br>*A Word to Husbands* | 71 |
| Irrtum<br>*Third Limick* | 53 | Familienangelegenheiten<br>*Family Court* | 71 |
| Kanniballade<br>*Funebrial Reflection* | 53 | Eltern<br>*The Parent* | 71 |
| Der Purist<br>*The Purist* | 53 | Die Katze<br>*The Cat* | 71 |
| Die tragische Metamorphose<br>des Herrn Nioberthold<br>*The Strange Case of Mr. Niobob's<br>Transmogrification* | 55 | Bitte um den Knochen<br>*Please Pass the Biscuit* | 73 |
| | | Großpapaverse<br>*Grandfather Verses* | 75 |
| Letzte Nachrichten<br>*A Bulletin Has Just Come In* | 57 | Ihr Magen ist größer als deine Augen<br>*Their Stomach Is Bigger than Your Eyes* | 75 |
| Kurzer Reiseführer | 59 | Der Herr Kammerzof<br>*The Gentleman Lady's Maid* | 75 |
| Flucht vor dem Alltag<br>*Away from It All* | 61 | Traumichnicht<br>*Apprehension* | 77 |
| Der Gepäckträger<br>*The Redcap* | 61 | Großpapa schämt sich<br>*Grandpa Is Ashamed* | 79 |
| Paris<br>*Paris* | 63 | Backfischalter<br>*The Romantic Age* | 79 |
| Venedig<br>*Venice* | 63 | Einmal eins ist acht<br>*One Times One Is Eight* | 79 |
| Die Azoren<br>*The Azores* | 65 | Elternfibel für Kinder<br>*A Child's Guide to Parents* | 81 |
| Der Zentralpark von New York<br>*City Greenery* | 65 | Ausflug ins Tierreich | 85 |
| Reise ins dnalsuA<br>*My Trip daorbA* | 67 | Der Fisch<br>*The Fish* | 87 |

| | | | |
|---|---|---|---|
| Der Aal<br>*The Eel* | 87 | Die Kuh<br>*The Cow* | 95 |
| Der Hai<br>*The Shark* | 87 | Das Schwein<br>*The Pig* | 95 |
| Die Schildkröte<br>*The Turtle* | 87 | Das Kamel<br>*The Camel* | 95 |
| Ungeziefer<br>*Bugs* | 89 | Die Fliegen<br>*The Fly* | 95 |
| Die Assel<br>*The Centipede* | 89 | Der Panther<br>*The Panther* | 97 |
| Glossina Morsitans, die Tsetse-Fliege<br>*Glossina Morsitans, or, The Tsetse* | 89 | Das Bakterium<br>*The Germ* | 97 |
| Die Termite<br>*The Termite* | 89 | Der Phönix<br>*The Phoenix* | 97 |
| Das Insekt<br>*The Insect* | 91 | Wer nannte den See-Taucher<br>Podilymbus podiceps podiceps?<br>*Who Called That Pied-billed*<br>*Grebe a Podilymbus Podiceps Podiceps?* | 99 |
| Ameisen<br>*The Ant* | 91 | | |
| Die Fledermaus<br>*The Bat* | 91 | | |
| Der Kuckuck<br>*The Cuckoo* | 93 | **Nachtrag**<br>Nash in nachdenklicher Stimmung | 101 |
| Der Storch<br>*The Stork* | 93 | Mahnwort für alle<br>*A Caution to Everybody* | 103 |
| Die Taube<br>*The Pigeon* | 93 | In der Mitte<br>*The Middle* | 103 |
| Der Hahn<br>*The Rooster* | 93 | Grenzübertritt<br>*Crossing the Border* | 105 |
| Das Kätzchen<br>*The Kitten* | 93 | Die Greise<br>*Old Men* | 105 |
| Der Hund<br>*The Dog* | 95 | Weihnachtschoral an die Kinder<br>*A Carol for Children* | 107 |